聞くだけで

眠りが変わる ソルフェジオ周波数 睡眠ブック

真《ま》印《いん》

東邦出版

もくじ

第2章
チャクラを周波数でクリーニングする 38

第3章
「再生睡眠」のすすめ 48

付属CDの聞き方

このCDの収録曲は、耳で聞いてメロディを楽しむものではなく、音が持つ周波数を人体に聞かせることを目的としています。

ですので、イヤホンで聞くよりも、空間に音を出していただくほうをお勧めします。音量の大小は効果に関係ありませんので、自分がちょうどいいと感じる音量で再生しましょう。

就寝前にCDをかけることが多いと思います。いつも1曲目で眠ってしまい、2曲目、3曲目の記憶がなかったとしても、問題ありません。睡眠中でも周波数は体に作用しています。

リピート再生できる機器をお持ちであれば、ぜひ朝起きるまで音楽を流した状態でお休みください。

はじめに

2015年11月、『聞くだけで心も体も痛みが消えるソルフェジオ周波数CDブック』を発売させていただきました。

人間の体にはチャクラというエネルギー（気）の出入口となるスポットがあり、その場所の〝つまり〟が不調を招き、いわば病の種になる。そのまま放っておくと、やがては病の芽が伸びてしまう、そんな事実をお伝えして、チャクラのつまりを大掃除するための楽曲をお届けするCDブックでした。目指したのは、誰にでも効果を発揮して必要なところにだけ効く、〝副作用のない薬〟のような音楽です。

そんなCDブックを作りたいと思ったのは、私のサロンに、病院では解決しない不調を抱えた方が絶えずいらっしゃる、という背景がありました。「なんだか気分がすぐれない」「めまいがする」「よく眠れない」など、不調が続くのに、医師には「自律神経の乱れでしょう」などと漠然としたことを言われ、よくわからないまま「お医者様が言うことだから」と薬を飲み続け、ますます不調になっている。そんな方があまりにも多かったのです。

西洋医学は対症療法です。頭が痛いといえば頭痛薬を、眠れないといえば睡眠導入剤を処方してくれます。それでいっときは楽になった気がしても、根本の原因を取りのぞかない限り、不調はまた必ずやってくる。しかも、薬で抑えた分の圧が上乗せされ、どんどんひどくなっていきます。

不調の根本をなんとかして解消する術はないものか、そう考えた私が辿り着いたのが、チャクラのつまりを音楽で解消するという手法であり、ソルフェジオ周波数だったのです。

試行錯誤の末に「これなら間違いない！」と太鼓判を押せる自信作が誕生しましたが、果たしてどれだけの人が「音の力で不調が治る」ということを受け入れてくれるのだろう……。正直、不安な部分もありました。

ところが、予想もしなかったことが起こりました。

理想を言えばこれくらいの人に聞いてもらえるといいなぁ、と期待していた数をはるかに上回る方々がＣＤを聞いてくださり、たくさんの感想をいただけることになったのです。出版社に届く読者ハガキ、あるいは私のホームページのメール経由で届けられた感想は、ご自身や身内の方が患っている心や体の不調がこと細かく書かれていて、「脳出血後のリハビリによる心身の疲れが癒されてます」「30年来の腰痛から解放されました」と熱烈に喜んでくださる方がたくさんいました。

ＣＤを聞いて元気を取り戻し、わざわざ私のサロンを訪ねてきてくださった方もいます。

末期の肺がんを患っているという70代の女性は、娘さんに連れられてお見えになりました。娘さんは病気の進行を少しでも遅らせたいと思い、藁にもすがる気持ちで、同じようなコンセプトのＣＤを3枚用意してお母さんに聞かせたそうです。すると「これだけが気持ちいい、もっと聞きたい」と、言ってくれたのが私のＣＤだったそうです。

「どんなに遠くても、この人（真印）のところへ行ってみたい」というお母様の強い要望があり、母娘で来てくださいました。

「以前は家のなかを移動するのもおっくうでしたが、毎日聞いているうちに、こうやって外出する元気が出てきたんです」

私の目の前に座り、そう話してくださるお母様は、痩せてこそいましたが、その目は力強くキラキラと輝き、「病気なんかに負けない！」という、やる気に満ちていました。

また、83歳の父親を持つという娘さんからも、こんなご報告をいただきました。娘さんが自分用にCDブックを購入してリビングで流していたところ、普段、音楽にはまったく興味を示さないお父さんがやってきて、「なんかこの音が気持ちいい。俺の部屋でもこの音楽を流してほしい」とリクエストしてきたそうです。

お父さんは長年、不眠症を患っていました。そのため病院で処方された睡眠導入剤を飲むのが習慣になっていましたが、飲み続けることによってどんどん感覚が麻痺し、最近ではあまり眠れなくなっていたそうです。

ところがお父さん曰く、「このCDを聞くと、眠り方が全然違う」とのこと。今では薬を飲むのをやめて、CDを大音量で流しつつ、スピーカーを抱えるようにして眠っているそうです。

「『しっかり眠れるようになったら、体の疲れがまったく違う！』って、なんだか毎日生き生きしています」

娘さんはうれしそうに報告してくださいました。

体調を崩したことがきっかけで長年引きこもりだったという、34歳の男性からも「勇気を出して、大阪から松山まで行こうと思います」と予約のお電話をいただきました。

たまたまサロンがお休みの日で、珍しく私が電話応対をしたのがその男性でした。引きこもり中も治療のために東洋医学の治療院には通っていたそうですが、なんと治療院の先生が、「これ、聞いてみたら？」と私のCDブックを勧めてくださったというのです。さっそく帰り道に購入して、毎日リピート、リピートで聞いてくださいました。すると変化が訪れたそうです。

「自分のなかでロックされていた感情の塊が、少しずつ少しずつ、ゆっくりと氷が溶けていくように小さくなっていくのを感じるんです。本当にちょっとずつやけど、僕、変わってるんです」

そんな告白を受けて、私はしみじみとうれしくなりました。直接、お会いできるのはこれからですが、彼が社会生活を営む一助となったなら、これほどうれしいことはありません。

CDブックへのうれしいご報告は数えきれないほどあります。なかには飼っているペットの病気がよくなった（これは複数いただきました）というご報告まであり、私も想定していなかった効果に驚くとともに、不調の事情は違えども、苦しんでいる方々の痛みを少しでも軽減できたという喜びがありました。そして、誰にでも効果を発揮して必要なところにだけ効く、〝副作用のない薬〟ができたと〝答え合わせ〟をさせていただいた気がしたのです。

それに満足する一方で、私は改めて一つのことに気づきました。

「久々に熟睡できました」「よく眠れました」「睡眠導入剤を飲まなくてもよくなりました」という感想がものすごく多いのです。83歳の男性だけでなく、がんを患っている女性も、引きこもりの男性も「今までよく眠れなかったのが、眠れるようになった」と口を揃えて言ってくださっていました。

つまり、私のCDを必要としてくれた心や体に痛みを抱えている方は、それと同時に、不眠に陥っている、あるいは眠ることはできても、満足のいく睡眠がとれていない方が多い、ということです。

確かに不調を訴えてサロンにいらっしゃる方の多くは「眠れない」とおっしゃいます。不調になっているのはエネルギーの流れが悪いからで、それが感じ取れる私からすれば、当然と言えば当然のこと。それだけに、いつも「そうでしょうね、これだけチャクラが滞っていたらしんどいし、眠れないでしょう」とうなずくだけでした。

しかし、この感想を受けて思ったのです。良質な深い睡眠、それも細胞の再生を促進するような素晴らしい睡眠がとれるようになったら、もっともっと不調が回復するのが早くなり、正しい循環が加速していくのではないか……。

そこで、私は多くの不眠に悩むお客様を通して知った睡眠とチャクラの関係を思い返しつつ、焦点を当てるチャクラを限定し、眠れない体が生まれ変わるような睡眠を目指して音楽を作ってもらうことにしました。今回も、楽曲ができあがると、その都度、自分のチャクラに当てて確認する、という地道な作業を繰り返し、納得いくまで試行錯誤を重ねて完成させたのがこのCDです。

本当にそれで良質な睡眠がとれるようになるの？　音楽にそんな力があるの？　そう思う方もたくさんいらっしゃるでしょう。これから、なぜ音楽が眠れない体に作用するのか順番にご説明していきますので、どうぞお読みになってください。

第1章

眠れない人は
チャクラがつまっている

人体のエネルギーの流れを司るチャクラ

睡眠の話に入る前に、まず大前提のお話をさせていただきたいと思います。

「はじめに」で「人間の体にはチャクラというエネルギー（気）の出入口となるスポットがあり、その場所の〝つまり〟が不調を招き、いわば病の種になる」と言いましたが、その通り、私たちは目に見えている肉体だけの存在ではありません。

肉体の周囲には、生命エネルギーが流れています。東洋医学でいう「気」や「波動」のことで、これは決して概念ではありません。肉眼で見えないだけで物質として存在しているものです。

エネルギーは、背骨に沿って7カ所あるチャクラという場所を中心に、呼吸の吸気と呼気のようなイメージで、エネル

チャクラの位置

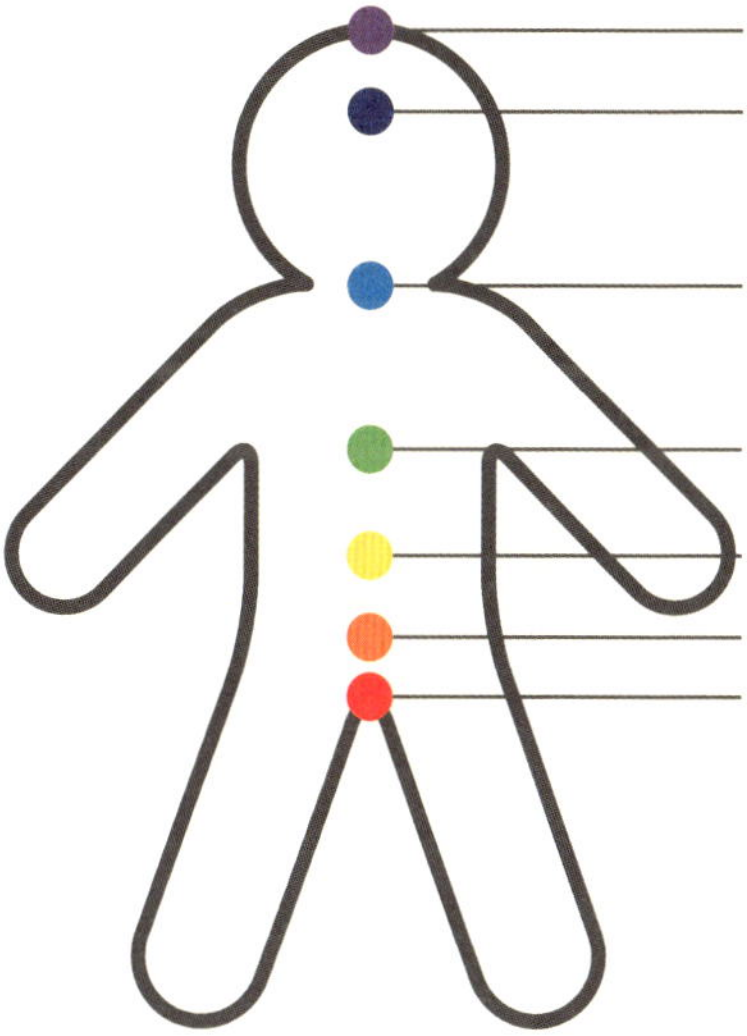

ギーを排出したり、吸収したりして循環しています。

エネルギーは個人の肉体のみで流れているのではありません。

1番のチャクラは大地から湧き上がるエネルギーにつながり、7番のチャクラの上には肉体と離れた8番のチャクラがあり、さらにその上にある宇宙のエネルギーとつながっています。

さらに背骨を軸にした3本の循環ラインがあります。一つは、頭上にある宇宙のエネルギーから頭蓋を通り、背骨に沿って地に降りていくライン（①）、一つは地のエネルギーが背骨を沿って頭蓋を抜け、上にあがっていくライン（②）、一つは頭蓋から上に向かって昇っていくライン（③）があります。さらに各チャクラ、3本の循環ライン、すべてのエネルギーが一つの大きな渦となって体全体を取り巻いているエネルギーの流れもあります。

この生命エネルギーと肉体は、相互関係にあります。

①

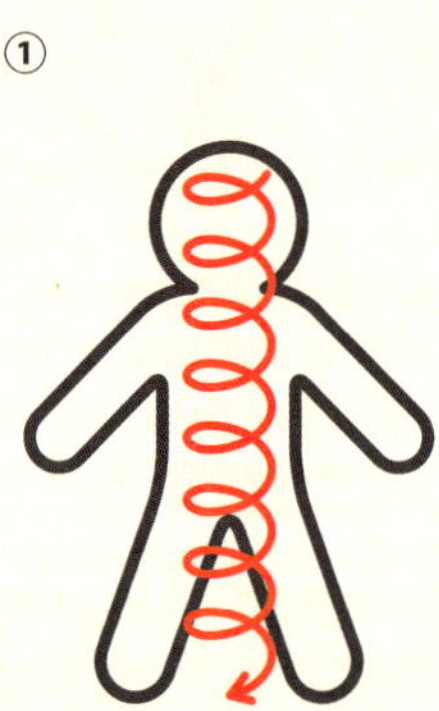

②

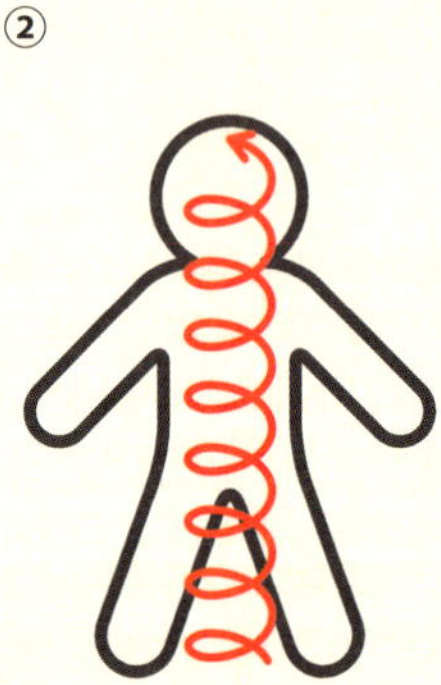

③

つまり、エネルギーの流れがスムーズなときは、肉体も健康を維持できますが、流れが悪くなると肉体に悪影響が及び、なんらかの不調を発してしまう。それが病気の種になり、エネルギーの流れが悪い状態が続くと、やがて種は芽を出して、本当に病気を発症してしまうのです。**エネルギーがうまく流れていない影響のひとつとして、いい睡眠がとれなくなる、という現象が起きています**。

要はチャクラがつまらなければいいわけですが、なぜ流れが悪くなったり、滞ってしまったりするのでしょう。

その原因となるのが思考の癖や感情といった精神が及ぼす作用です。心のありようは目には見えませんが、肉体には大きく影響を及ぼします。なぜなら、思いや感情もまたエネルギー体であり、それぞれ固有の波動があるからです。波動についてはまたあとで詳しくご説明しますが、日々どんな思いを抱いて、どんな感情を持って生活しているか、その波動は生命エネルギーと渾然一体となって、自分というものを形作る大きな要素になっています。

ポジティブでご機嫌でいることが多い人はエネルギーにも勢いがあります。逆に日々、不機嫌でいる人はエネルギーにも覇気がなく、弱々しいのです。これは人と会ったときに受ける印象として、無意識のうちにみなさんも感じていることではないでしょうか。概ね、溌剌とした印象を与える人はエネルギーも生き生きしていますし、「お疲れですか？」という印象を与える人は、エネルギーも弱々しいものです。

もちろん、**ネガティブな感情は誰でも持っているものですが、あまりに強く持ちすぎてしまうと、その思いはしこりのように固まって留まってしまいます**。その固まりがエネルギーの流れを妨げる障害物になってしまうのです。

川の流れを思い浮かべてみてください。まっすぐな川で、障害物もなければ、川はサラサラと流れて水が淀むことはありません。しかし、川そのものが蛇行していたり、石が積み上がっている場所があったり、大きな岩があったりすると、水の流れは影響を受けます。ある場所では水流が細くなり、流れが悪くなることによって淀んでしまう場所もあるでしょう。それと同じことがエネルギーの流れにも起こるということです。

相互関係にある肉体が先に何らかの変調をきたし、その影響でエネルギーの流れが滞ることもあります。たとえば階段から落ちて足の筋を傷めたのにちゃんとした治療を受けないままだったり、暴飲暴食を続けていたり、不規則な生活を送り、肉体に不調が起これば、連動してエネルギーの流れが悪くなります。生活する環境や食事、適度な運動など、日々の生活にも気を配るのも大事なことです。

眠れない人と自律神経

熟睡できない、眠れない人のエネルギーの流れ、チャクラの状態はどうなっているのでしょう？　そのことをお話しする前に、肉体側、科学的な観点からいい睡眠、熟睡とはなにかということをご説明しましょう。

そもそも睡眠とはなんでしょうか。人はなぜ眠るようにできているのでしょうか。

睡眠は人間の本能の一つで、どんな人でも日々行う行為でありながら、実は科学的に完全な回答はまだ見つかっていないそうです。ただ、肉体を健康的に維持するために必須のものである、ということは間違いありません。

こんな話があります。１９６４年、スタンフォード大学の研究者立ち会いのもとで、不眠実験をしたアメリカ人の高校生ランディ・ガードナーさんは約11日間の不眠記録を打ち立てました。この記録はギネスに掲載されましたが、立ち会った研究者の記録によると、不眠の2日目にガードナーさんの目の焦点が合わなくなり、5日目には感情のコントロールが困難になり、思考力や記憶力、集中力等の脳に関する機能も低下し、ついに幻覚症状が出現。9日目には指が震えだし、左右の眼球がバラバラに動くようになったそうです。その後、あまりに健康を害する挑戦だとして、不眠の記録はギネス世界記録の項目から削除されることとなりました。

さすがにこれは極端な例ですが、眠らないことがいかに肉体に悪影響を及ぼすか、わかっていただけたかと思います。

人はなぜ眠くなるのか。そこには自律神経がとても大きく関わっています。

自律神経とは肉体を維持する上で大事な神経で、心臓や腎臓、肝臓、脾臓、胆嚢、消化器系などのあらゆる内臓、また血管などの機能をコントロールする神経です。たとえば内蔵は自分で動かそうと意識しなくてもうまく動いていますが、それは自律神経が働いているおかげです。だから自律神経が乱れると、さまざまな場所に不調が現れるのです。

自律神経には、「交感神経」と「副交感神経」という二つの神経があります。「交感神経」は活発に活動しているときや緊張しているとき、ストレスがかかるときに働いて、「副交感神経」はリラックスしているときや眠っているときに働くという役割分担があり、この二つが交互に働く仕組みになっています。大まかにいうと、朝起きると交感神経が優位になり、活発に動けるように体を活動しやすい状態にして、夜になると副交感神経が優位になり、昼間の活動で生じた疲労や細胞のダメージを回復させてメンテナンスを行う、といった流れです。

健康な方であれば、「交感神経」と「副交感神経」の切り替えは自然に行われます。夜のリラックスタイムになり、「副交感神経」が優位になると、「睡眠ホルモン」と呼ばれるメラトニンの分泌量が増え、心拍数や体温、血圧などが下がり、だんだん眠くなるように誘導してくれます。

ところがストレスなどにより「交感神経」が過剰に働きすぎると、**夜になってもうまく「副交感神経」に切り替わらず、体は疲れていて一刻も早く寝たいのに頭は冴えて眠れない**、さらに「寝なきゃ」と焦ることでますます眠れないという、悪循環に陥ってしまうのです。

眠っているのにスッキリしない人

ベッドの上でゴロゴロし続け、なんとか眠ることに成功したとしても、質のいい睡眠をとらないと、睡眠への満足感は得られません。睡眠の質がいいかどうかは科学的な定義があります。睡眠の状態には二種類あって、深い眠りを「ノンレム睡眠」、浅い眠りを「レム睡眠」といいます。このノンレム睡眠の状態が下図のようにきちんと確保されるのが〝質のよい睡眠〟です。

健康な人であれば、入眠するとまずノンレム睡眠が始まります。だんだんと眠りは深くなり、ピークを過ぎると今後はだんだんと浅い眠りのレム睡眠に移行します。このワンセットが約90分周期で繰り返され、仮に6、7時間睡眠をとるなら、一晩に4、5回ノンレム睡眠とレム睡眠を繰り返すことになります。

また、ノンレム睡眠のなかでも段階があり、初回

レム睡眠とノンレム睡眠

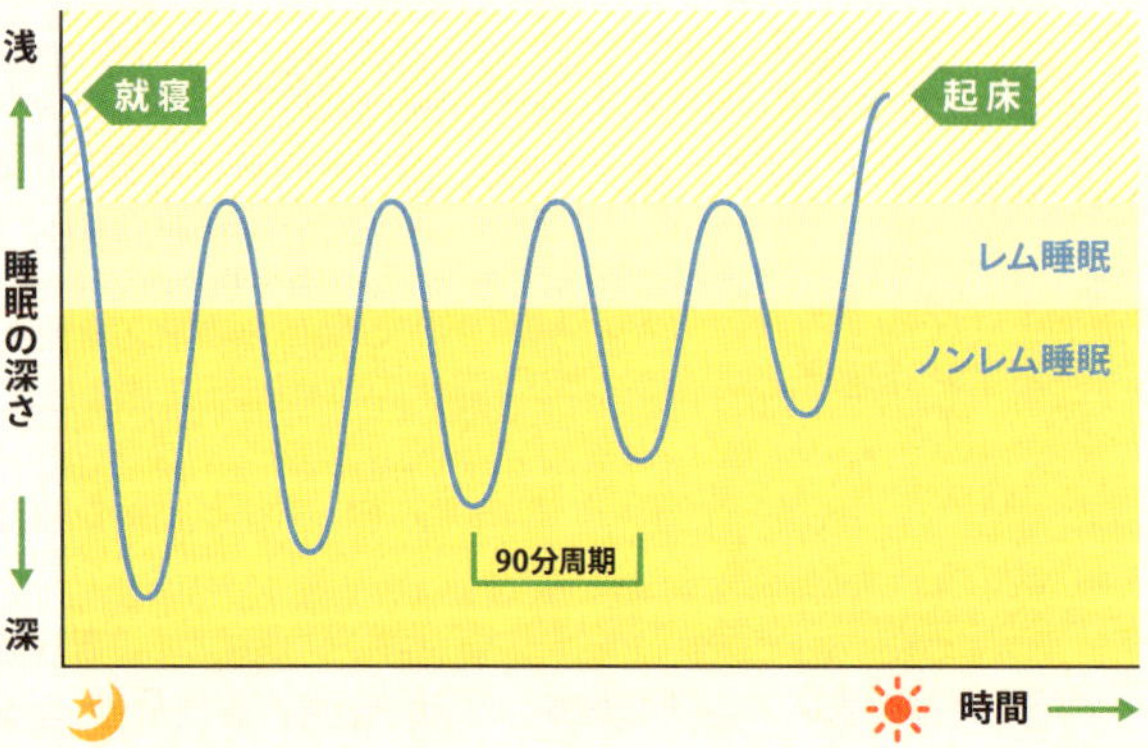

のノンレム睡眠は一番眠りが深く、次いで二番目、三番目……と、朝に向かうに連れて段階的に浅くなっていきます。

ノンレム睡眠のあいだには、体内のメンテナンス活動が行われています。どんな活動かを知ると、いい睡眠がとれないと心も体もさまざまな不調が生じ、病気になるリスクを高めてしまうことがおわかりになると思います。ちなみに入眠して３時間後くらいがもっとも活発にメンテナンスが行われている時間帯です。

・免疫細胞の活性化

免疫細胞は病原菌やウイルスなどの外敵の侵入を防いだり、体内にできた病気の元となるような細胞を除去したりして体を守ってくれる存在ですが、この免疫細胞は、ノンレム睡眠のときに活動が活性化して増えるようにできています。免疫力が上がれば自己治癒力が高まり、病気になりにくい体になります。全身をパトロールしながら、がん細胞やウイルス感染細胞などを見つけ次第攻撃してくれることで有名なＮＫ（ナチュラルキラー）細胞も、質のいい睡眠がとれなければ数が減少してしまうことがわかっています。

・成長ホルモンの分泌を促す

成長ホルモンは、細胞の新陳代謝を促し、傷ついた細胞の再生や組織の修復を促す重要なホルモンです。抵抗力や免疫力を高める働きがあるため、減少すると風邪を引きやすくなったり、生活習慣病にかかりやすくなったりします。

また、細胞の生まれ変わりをスムーズに行い、お肌の調子も整えてくれます。成長ホルモンが減少すると、基礎代謝の低下や脂肪分解力が減少して太りやすい体質になってしまうこともわかっています。健康だけでなく美容という点からも良質な睡眠は重要なのです。

・血圧を下げる、血糖値を抑える

ノンレム睡眠のときは血圧が下がります。逆に深い睡眠がとれないと血圧が高いままになってしまい、高血圧の原因となります。血糖値も同様で、良質な睡眠がとれないとインスリンが出っぱなしになって膵臓が疲弊し、今度はインスリン分泌が低下してしまい、糖尿病になるリスクが高まります。

・脳の情報処理と記憶の定着

ノンレム睡眠とは「脳の休息」だと言われますが、決してスイッチをオフにするように活動停止状態になるわけではなく、目覚めている時間とはまた違う形で活動していることが最近の研究でわかってきています。特に活発に行われているのは昼間の出来事をおさらいして記憶を精査、定着させる作業。そして、脳の老廃物を除去する働き。むしろ、起きているときよりも活発に活動していることもあるそうです。

それなりに睡眠時間をとっていても「起きたとき体が重く、頭がスッキリしない」「疲れが取れない」「日中、眠気がひどい」「集中力が散漫」「最近、小さなことでイライラしがちで、人とぶつかることが増えた」といった場合は、**ノンレム睡眠が十分にとれていなくて、メンテナンスが満足に行われていない**のかもしれません。

また、夢はレム睡眠のあいだに見ることが多いので「夢ばっかり見て、起きたときなんだか疲れている」という場合も、深い眠りがとれていない可能性があります。

ただ、質の高い睡眠は「ノンレム睡眠」だ、というと、「レム睡眠」は質の悪い睡眠のようですが、そうではありません。「レム睡眠」が足りないと、起きたときの満足度が少ないという研究報告もあるそうで、あくまで自然に深い「ノンレム睡眠」に入り、だんだんと「レム睡眠」になるという繰り返しのなかで、浅い「レム睡眠」のときにパチっと目覚めることができるのが、満足度の高い睡眠と言えるようです。

眠りを自ら遠ざける「思い癖」

ネガティブな思考を強く持ち続けると、それが感情のしこりとなり、エネルギーの流れを妨げ、いい睡眠がとれなくなる、とお伝えしました。ネガティブな思考とは具体的にどんな思考なのでしょうか。

サロンに相談にお見えになる方で、**最近もっとも増えていると感じるのは「緊張をゆるめられない」という癖を持つ方です**。

この癖は自律神経の乱れとも密接に関係しています。私たちは日中、活発に活動しているときや、ストレスがかかっているときは交感神経が優位になって緊張状態になっています。このときエネルギーの流れは、吸気と呼気で言うと、吸気が強い状態になっています。家に帰るなどしてプライベートモードになり、なにか好きなことをしたり、ゆっくりお風呂に浸かったりするうちに、健康な人は自然と弛緩して副交感神経が優位になります。このとき、エネルギーの流れは呼気が強い状態になります。

ところが、緊張をゆるめられないとエネルギーは過呼吸のようになって、吸って、吸って、吸って……と、吐き出せない状態になってしまうのです。そうなると、肉体は緊張に緊張を重ね、交感神経はずっと興奮して、まるで糸がピーンと張っているような状態になってしまう。これではとても眠れないでしょう。

こう話すと「つまり、眠れない原因はストレスのせいでしょう？」と思われるかもしれません。しかし、そうではなくて、ストレスはきっかけに過ぎないのです。あくまで、根本的な原因は思考の癖にあります。

私が見てきた限り「緊張をゆるめられない」のは、「人から見られている意識が強すぎる」からです。つまり、「人の目」が普通の人より強い圧（ストレス）となって、独りになったときも気が休まらないのです。

そこには自己肯定感の低さがあります。自己肯定感が低いと、そもそも「こうあるべき私」という理想像が「人の目」「世間の目」によってできあがってしまうので、完璧な自分を演じきっていても、達成すべき根拠は自分のなかにありません。いわば「他人の評価」なので、達成できたところで永遠に満足感を得られないのです。常にもやもやした「本当にこれでいいの？」という不安もプラスされ、どんどん疲弊して神経がすり減ってしまいます。

眠れない、熟睡できないという方のチャクラを見ると、ほとんど1、2、3番のチャクラが滞っています。1、2、3番は自尊心の低さ、自己肯定感の低さ、怒りの感情などと連動しているのです。なかでも、自己肯定感の低さはネガティブな思考を誘発する大元締めと言えます。

ここに「忘れられない」という思考の癖が加わると、感情のしこりが形成されます。なにかに怒ったり、恨んだり、執着を持ったりというのは誰にでも起こるものですが、そこに**「ゆるめられない」と「忘れられない」という思考の癖が根底で絡み合うと、ネガティブな思考から抜け出せなくなってしまうのです**。

圧（ストレス）を受ける出来事があっても「あんなことを言われたけど、私はそう思わない」、「ま、そういう日もあるさ」と、上手に受け流すには「いいところも、ダメなところも私」、「私は私だから大丈夫」という自分に対する自信や信頼が不可欠で、それがないからこそ、他人のちょっとした言動に動揺し、大きな圧だと受け取って過剰に反応してしまうのです。そして、「忘れられない」から、家に帰って圧を受けた場面を脳内再生して、チャクラのつまりとなる想念の固まりを作る。結果、いい睡眠ができなくなる……という悪循環が生まれます。

この世に生きている限り、様々な圧（ストレス）はあって当たり前です。

圧は外からくるものだけじゃなくて、「よ〜し、頑張るぞ!!」と張り切ったり、期待されていることに応えようしたりする、自分で自分にかける圧も含まれます。圧とは上手に付き合い、ときに「ハイハイ」と受け流し「さっさと忘れる」といったワザを身につけないと、不眠に限らず、さまざまな不調、病気の芽を持つことになるでしょう。

ところが、不眠の相談でサロンにいらっしゃるお客様に「忘れることが大事なんですよ」「嫌なことをされた恨みは、さっさと手放したほうがいい」というお話をすると、怒りだす方もいます。

長年ひどい不眠に悩まされている60代の女性は、30年近く前、旦那さんとの結婚をお姑さんに反対されたことをいまだに根に持っていて、お姑さ

寝る前に今日あったイヤなことを思い出して、自らイライラを固めてしまう。

んを恨み続けていました。

彼女が訴える、「私はずっとお姑さんからいびられてきた。あんな仕打ちや、こんな発言まで受けて……ひどいでしょう?」という話は、私からすれば「え、どこが?」という内容でしたが、この女性からすれば、自分は一方的な被害者で、お姑さんは加害者なのです。

エネルギーの状態を見てみると、年齢のわりに子どもっぽい波動で、やはりチャクラは1、2、3番がつまっていました。私は慎重に言葉を選びながらアドバイスしました。

「大変でしたね。でも、いっそ昔のことは忘れてしまわれたほうがよく眠れますよ」

すると、女性はキッと表情を変え、声を荒げました。

「こんなしんどい思いをしたのに、簡単に忘れろ、なんて言わないで! あなた、私と同じ経験をしてないからわからないのよ!」

この女性のなかで、お姑さんに苦しめられた(と思い込んでいる)日々は、自分が耐え忍んできた歴史でもあり、手放してしまうと自分が生きてきた証が消えてなくなってしまう、と思い込んでいる。もっと言えば、お姑さんに対する恨み、憤りが、生きる燃料になっているのです。

燃料ですから、自分からストレスになりそうなことを探しに行って「あんなことされた」「こんなこと言われた」とやっているわけです。これでは、不眠が起きるのは当たり前です。

そんな状態が続くと、各チャクラと連動した肉体にも影響が出てきます。実際、この女性の場合は不眠症の他にひどい腰痛や頭痛を患っていました。

ご本人的に、自覚症状があるのは不眠と腰痛、頭痛だけですが、彼女のエネルギーをチェックしてみると、他にもいろいろな病気の種を抱えているのがわかりました。どうやら恨みをもっているのはお姑さんだけじゃないようです。夫に対する不満、特定のご近所さんへの不満、趣味の集まりで顔を合わせる人への不満……。常に不満を感じるターゲットを探している今の状態が続けば、病気の種はやがて芽を出すでしょう。

しかし、逆に考えてみれば、**病気の種はあっても、執着を捨て、さっぱり忘れることで、エネルギーの流れはよくなり、病気にならないで済む**のです。せっかくそういうシステムがあるのだから、利用しない手はありません。

睡眠の改善は、人生のいい循環の前兆

こんなお客様もいらっしゃいました。職場の人間関係に悩んで相談に見えた30代の男性です。お勤めしているのは世間に名の通っている大企業でしたが、その男性がいる部署はかなりの体育会系で、優しくておっとりした彼はかっこうの〝いじられキャラ〟として、長年、上司や同僚だけでなく部下からも、なにかにつけてからかわれてきました。最初は笑っていた彼もだんだんと苦しくなり、家に帰ってからもからかわれた場面を脳内リピートさせるようになってほとんど眠れなくなってしまった。さらに、躁鬱状態にもなり、心療内科の薬が手放せない状態でサロンにいらっしゃったのです。

彼のチャクラを見ると、全体的に弱々しい波動で、ほぼすべてのチャクラがつまっていました。さらに意識を集中して見ると、ある思い癖を強く持っているせいで、視神経にも影響が出ているように見受けられま

職場への執着とできない自分への自己否定も、不眠の元。

す。そのことを指摘すると、彼は驚きました。

「ええっ、これも関係あるんですか!?　実は緑内障を患っていて、右目はこのままだと失明するかもしれないって言われているんです……」

私が感じた思い癖とは、「家族を養っていくためには、大企業の会社員という安定した地位を絶対に手放せない、手放したら終わりだ」という強い思い込みでした。「いい大人が心を患って会社を辞めるなんて負け組だ。恥ずかしい」という思いも感じます。執着と自己否定が強烈な圧となって緑内障を発症したようです。

見かねた私はこんな提案をしてみました。

「せっかくサラリーマンなんだから、お給料はちゃっかりもらいながら、別のルートに進む準備を始めてみればどうですか？　体を壊すまで頑張っても、完全に壊れてしまったらおしまいですよ。自分の体よりも大事なものはないんだから」

そのときは力なく「そうですね……」と言っていた彼ですが、3カ月ほどして再びサロンに訪れると、驚くべき変化を遂げていました。

明らかに顔色がよくなって、なんだかピカピカしているのです。あれだけ滞っていたチャクラのつまりが大幅に改善されて、エネルギーの流れも活発になり、放つ波動がまるで違っています。

「アラ、どうしたの？　すごくいい感じになってますよ」

彼は目を輝かせながら言いました。

「実は、真印さんに『別のルートを』と言われたとき、すぐに思い浮かんだのが、体調を崩してから通うようになったカイロプラクティックのことでした」

資格を取ってその道を極めたいと思うようになった彼は、準備にとりかかるべく動きだしました。するとすぐに驚くべき変化が訪れたそうです。

「とにかく、すごく眠れるようになったんです！　こんなに熟睡できたのは、十数年ぶりです」

熟睡できるようになったら、今度は彼の意識に変化が訪れました。資格を取ったら会社は辞める、という前提で会社に通っていたら、誰になにを言われても気にならなくなったのです。嫌味なからかいも、平然と受け流すうちに、誰もからかってこなくなったそうです。

そんな報告を聞きながら彼の波動を深く見てみると、視神経に感じた悪い波動が感じられなくなっていました。やはり、眼科で検査をしたら、担当の医師が驚くほど緑内障が改善されていたそうです。

「それで……気がついたら、会社を辞める理由がなくなってたんです。資格の勉強は続けますが、カイロの道を極めるのは定年してからでも遅くないなって」

これは、**環境そのものは変えられなくても、執着を手放し、自分という存在を肯定することによって、目の前の現実が大きく変わった**いい例です。

不眠は不調が起こる前兆でもありますが、いい睡眠がとれるようになると、いい循環が始まる前兆でもあるのだなと実感した出来事でした。

将来への不安感と睡眠

もう一つ、睡眠のためにやっかいな思考の癖があります。

それは「不安感を持ちすぎる」ということ。老後の心配や、**これから起こるかもしれないトラブルを過剰に心配している方は、総じて眠りが浅くなっています**。

まじめで責任感が強く、若いころからしっかり

まだ見ぬ未来への不安にとらわれすぎていませんか？

と気を張ってきた方ほど、ちょっとしたつまずきに足を取られてしまう。そういう方は、周りから頼りにされていることも多いので「私がいなきゃ回らない」「私が仕切らなきゃ」「私が、私が……」と背負いすぎてしまう側面があります。元気なうちはいいのですが、病気など、自分ではどうにもならない問題が生じると、途端に「自分への不信感」が生まれてしまうのです。それが強烈な圧となって睡眠の障害につながってしまう。この場合も、1、2、3番のチャクラがつまります。

もちろん、無責任な人のほうがいいという意味ではありません。責任を回避するという癖を持つ人は、眠ることはできても、また別の不調が現れることでしょう。そうではなくて、ありもしない不安に囚われすぎず、考えすぎないことが大事だということです。

1番、2番、3番のチャクラを刺激して「排毒」する

さて、今回のCDブックは、深い睡眠と密接に関わっている1番、2番、3番のチャクラに特化して、チャクラの調整、クリーニングを目指しています。

それは先ほどからお伝えしているように、自己肯定感の欠如、不安感、うまく忘れられないというネガティブな感情が滞る場所だから、そこのつまりを重点的にクリーニングしようということですが、なぜこの3つに特化するのか、もう少しお伝えしたいと思います。

いまもっとも多いと感じる「ゆるめられない」がゆえにいい眠りができない方は、**良質な睡眠を目指す前に、まず「排毒」する作業が必要**になります。

緊張に緊張を重ねていると、エネルギーは吸って、吸って、吸って……と、吐き出せない状態になっているとお伝えしましたが、それはつまり、排出できないエネルギーがパンパンにつまっているような状態です。そこにどんないいエネルギーがやってきたとしても、取り込むスペースがないのです。

チャクラの流れには、背骨に沿って地に降りていくラインがあるとご説明しましたが、それが「排出」ラインになります。たとえるなら、自分の体からアース線を伸ばして地球につなぎ、排出させてもらうといったイメージです。

チャクラのなかに溜まった澱のようなもの、肉体でいうところの老廃物を排出することによって、チャクラは自らバランスを取る力を取り戻します。足りないところに必要なエネルギーが流れていき、全体的にいい循環ができていくのです。

また、この世を生きぬく強さ、逞しさ、生命力を全体的にアップさせる、という目的もあります。

私は以前、睡眠と永眠の違いについて考えたことがありました。もちろんたくさんの差があるのですが、大きな違いの一つとして肛門があります。亡くなると開きますが、生命体であるあいだ、肛門は閉まっている。ということは、逆に考えてみたら、肛門を引き締めることよって生命力が満ちるのではないか……。そう思って調べてみたら、ヨガや気功でも、肛門を引き締める動作は「生命力の象徴」として行われていることを知りました。

実際に、私も気功で体験したことがあるのですが、肛門を絞めると1番、2番、3番のチャクラが活性化して、生命力が満ちるのを感じます。今回は、その動きをしなくても、楽曲の波動によって1番、2番、3番の滞りをとって、同じ効果を得ていただこうという意図もあります。

大まかに言うと、1、2、3番のチャクラは肉体や生命力を司るエネルギーが流れていて、5、6、7番のチャクラはメンタルや精神性を司るエネルギー、二つの真ん中にある4番のハートチャクラは肉体と精神をつなぐジャンクションになっていて、両方の要素が絡み合っています。

なぜそうなっているのか理屈はわかりませんが、4番を鏡のようにして、1番のチャクラは7番に響き、2番は6番に響き、3番は5番に響くようになっています。つまり、**まず肉体や生命力を司る土台の部分を強化することで、精神面も響き合うように充実していきます**。まずはボディありき。土台がまっとうに機能するようになったら、精神面は今よりももっともっと崇高になるということです。

1番、2番、3番が活性化してくると、人生を意欲的に動かしていく行動力が生まれます。「今日使えるエネルギーはすべて燃焼させてしまおう！」というくらい、意欲的に人生を動かしていくこと。これは不眠のサイクルから抜け出す一番自然な方法であり、単に眠れるだけではなく、1段も2段もレベルアップした睡眠がとれるようになる近道です。睡眠を科学的にみれば「レム睡眠」「ノンレム睡眠」というふたつしかないかもしれませんが、スピリチュアル的に見ると、もっと別のベクトルがあるのです。

このことは項を変え、もっとくわしくお伝えしたいと思います。

第2章

チャクラを周波数でクリーニングする

音は振動

チャクラのつまりが音楽の持つ力でクリーニングできるというのはなぜでしょう。それをご理解いただくために、まず、音について知っていただきたいことをご説明します。

音が鳴る仕組みを簡単に言えば、振動です。たとえば太鼓を叩いたり、ギターの弦を弾いたり、声帯を振動させると、空気が振動し、その波動が鼓膜に伝わり、私たちは音として認識します。

音の波動は縦波となって空気中に伝わりますが、その振動の状態によって波の形は変わります。たとえばギターの弦を弾くと、強く弾けば大きく弦が揺れて、弱く弾くと小さく弦が揺れますが、音の波形もそれと同じです。大きい音は波形の振り幅が大きくなります。

そして音の高さ、低さは、波の長さによって決まります。短いと高い音になり、長いと低い音になります。つ

音の高低

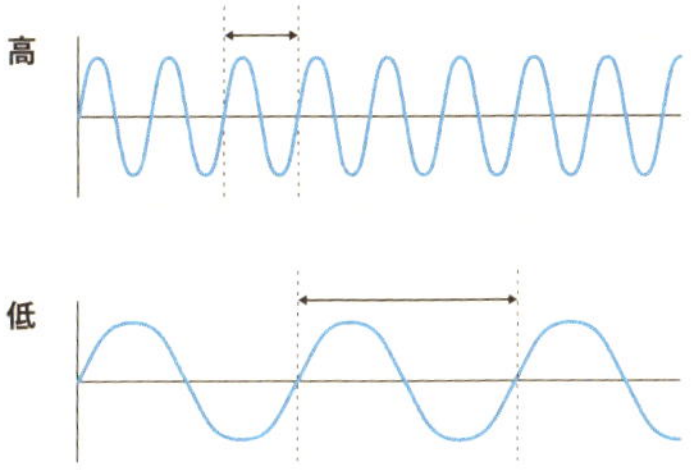

波の横幅が狭い＝高い音
波の横幅が広い＝低い音

音の大小

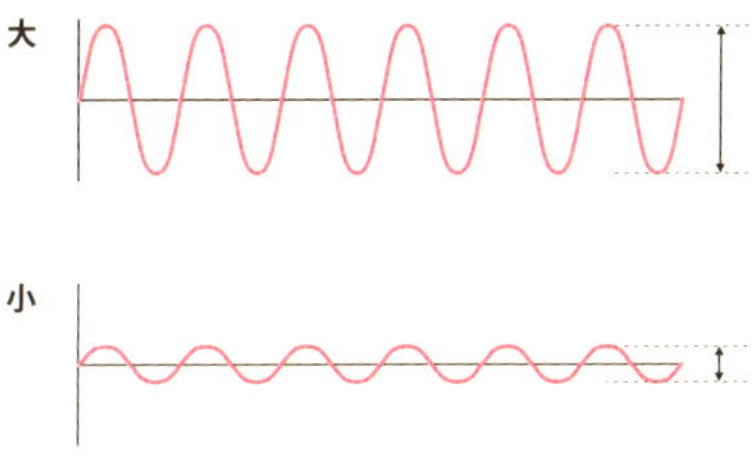

波の上下の幅が大きい＝大きい音
波の上下の幅が小さい＝小さい音

まり短いとたくさんの波が起こり、長いと少なくなります。1秒間に何回の波が起るか、それが周波数で、ヘルツ（Hz）という単位で表します。

私たちの体も振動している

今度は、音を受け取る私たちの肉体についてのお話です。肉体はミクロな視点で見ていくと、小さな細胞の集合体です。その細胞をさらにミクロな視点で見ていくとたくさんの分子からできていることがわかります。分子はたくさんの原子からできていますが、原子は、原子核の周りを電子が近づいたり離れたりしながら運動することによって揺れています。さらに肉体をミクロな視点で辿っていくと、最後は素粒子になります。この素粒子もバイブレーションしています。これらは量子物理学でも明らかになっていることです。つまり、**肉体は常に振動しているのです。振動しているということは、波動を発しているということです**。

音の波動が私たちにぶつかると、必ず肉体から出ている波動にも干渉が

周波数

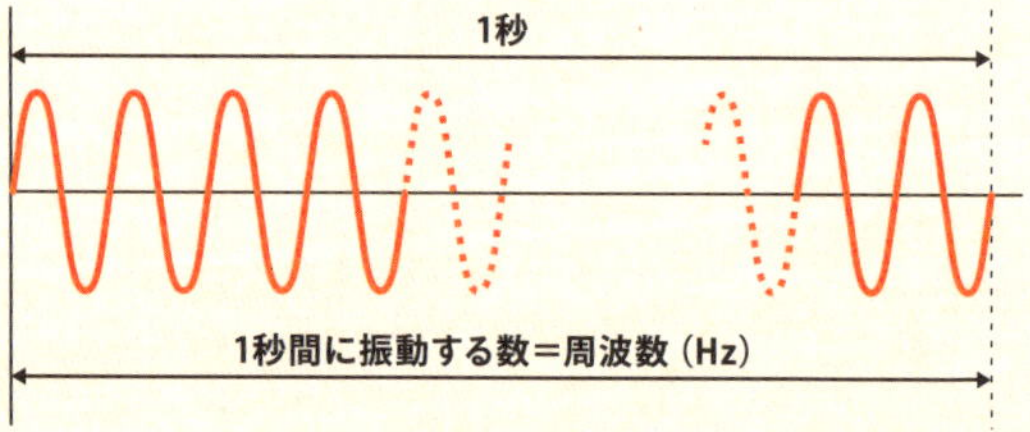

おきます。

アップテンポな曲を聞くと踊り出したくなったり、スローな曲を聞くとまったりしてしまうという経験はありませんか？　それは気のせいではなくて、波動が干渉し合い、肉体が影響を受けた結果としてそうなっているのです。

ソルフェジオ周波数とチャクラ

音の説明で触れたとおり、周波数とは一秒間に何回揺れが起きるか波の数を数値化したものですが、たくさんの揺れが起こるほど周波数（ヘルツ＝Hz）の数字は大きくなり、音としては高音になります。揺れが少ないと周波数の数字は少なくなり、音としては低音になります。

私たちの肉体も波動を発していますから、その波の数を周波数で表すことができます。さらにいえば、**1番から7番の各チャクラ、それぞれに固有の周波数があります**。これは人によって違うものではなく、誰でも同じです。チャクラを利用すると、誰にでも〝効く音楽〟が作れるのはそのためです。

このチャクラの周波数と対応しているのが、ソルフェジオ周波数だったのです。これは、私が自分のチャクラに当てた実体験から導き出しました。

ソルフェジオ周波数は、癒しの音楽として知られるグレゴリオ聖歌の音階に用いられていた周波数とも言われています。近代の音楽を構成する平均律音階は、４４０Hz（ラの音）を基準に1オクターブ内にある音を一定の比率で並べて作った音階です。４４０Hzのラの音の1オクターブ上は８８０Hzですが、そのあいだを12等分ではありません。「一定の比率」ですから、次の音（たとえば、ド→ド#）に上がる比率が常に「2の12乗根（12回かけると2になる数）」倍ということです。従って、ラの音以外は無理数となります。

一方、ソルフェジオ周波数は整数の周波数で、この違いが私たちの耳に心地よさを与えているのではないかと考えられています。さらに、物質と意識に働きかける効果があり、平均律音階に慣らされて鈍くなっている私たちが本来備えていた自然治癒力、回復力など、修正して癒す力が高まると言われています。

ソルフェジオ周波数と効果（◆が周波数と対応しているチャクラ）

- ・174Hz＝意識の拡大と進化の基礎
- ・285Hz＝多次元領域からの意識の拡大と促進
- ・396Hz＝罪、トラウマ、恐怖からの解放　◆1番のチャクラ
- ・417Hz＝マイナスな状況からの回復、変容の促進　◆2番のチャクラ
- ・528Hz＝理想への変換、奇跡、細胞・DNAの修復　◆3番目チャクラ
- ・639Hz＝人とのつながり、関係の修復　◆4番のチャクラ
- ・741Hz＝表現力の向上、問題の解決　◆5番のチャクラ
- ・852Hz＝直感力の覚醒、目覚め　◆6番のチャクラ
- ・963Hz＝高次元、宇宙意識と繋がる　◆7番のチャクラ

しかし、チャクラと連動した周波数を聞くと、なぜトラウマから解放されたり、DNAが修復されたり、肉体や精神に変化が起きるのでしょうか。

それをさせるのが共鳴の力です。共鳴とは、同じ周波数のものが二つあれば、一つを振動させると、叩いてないもう一つも鳴り始める共振現象のことです。たとえば音の調律に使われる音叉（音叉A）を叩くと、特定の

周波数（一番多いのは440Hz）の音を出しますが、このとき近くに同じ周波数の音叉（音叉B）があれば、そちらは叩いてもいないのに鳴り始めます。音叉Aが発した音の振動が大気を伝わり、同じ振動数を持つ音叉Bに伝わって揺らしたわけです。

つまっているチャクラでも、そのチャクラと共鳴する周波数を浴びることによって共振現象が起きます。シンと静まり返っていたチャクラがガサガサと揺らされることによってつまりの元となったネガティブなエネルギーの固まりがクリーニングされて、本来の正しい動きができるようになるのです。これは振動共鳴療法（バイオレゾナンス）といって、ドイツなどの医療現場では治療法の一つとして行われているものです。

チャクラへの共鳴を強化する倍音

ただ、第一弾の『聞くだけで心も体も痛みが消えるソルフェジオ周波数CDブック』を制作したときに実感したことですが、いくら特定の周波数がチャクラと連動しているといっても、一つの周波数を聞くだけでは効果があるとは言えません。

時報の「ピ、ピ、ピ、ピー」という音をイメージしてください。周波数そのものは、ひとつの音程なのでこの「ピー」と同じようなものです。ちなみに最初の数回の「ピ」が440Hz、最後の「ピー」が880Hzだそうですが、たとえば3番目のチャクラをクリーニングしたいとき、528Hzの「ピー」という周波数だけを聞いてもあまり効果がないということです。むしろ、不快に感じてしまうかもしれない。

では、どうすれば〝効く〟のか。

最初は特定のソルフェジオ周波数を中心にしてハーモニーを構成するように楽曲を作ってもらいましたが、チャクラに響く曲と響かない曲がありました。なぜだか解明できないまま、とにかくたくさん曲を作ってもらい、チャクラにちゃんと響くかどうか試す、という愚直な試行錯誤を繰り返してわかったのは、「倍音」が鍵を握っているということです。

音には基本となる周波数の他に、その数の2倍3倍となる整数倍の周波数の振動がいくつも生じていて、この振動の音を倍音といいます。同じ周波数でも楽器や材質によって音色が違うのは、この倍音の含まれ方が違うからです。

この倍音のハーモニー、いわば周波数という「点」ではなく、周波数を中心にした音の「幅」がチャクラを振動させる重要な鍵になるのです。

私の感覚では、この振動（共鳴）がチャクラというパイプ、また背骨全体をクリーニングするイメージです。正しくチャクラに作用する振動は、つまった下水管をものすごい水圧で一気に洗い流すような威力があります。

CDの効果的な聞き方

そんなわけで、このCDの場合は、**できるならイヤホンで聞くよりも、音を出して体に浴びせるように聞いていただくことをお勧めします**。周波数は大音量にしなくてもちゃんとチャクラに干渉しますので、自分が心地のよい音量でお聞きくださって結構です。

睡眠をテーマにしたCDですから、就寝前に聞くという方がもっとも多いと思います。前作『聞くだけで〜』の感想に「いつも1曲目で眠ってしまい、2曲目、3曲目を聞いたことがありません。それでも効果はあるのでしょうか？」と、曲を認識していないことを気にしている方もいらっしゃいましたが、まったく問題ありません。意識は眠っていても、周波数は人体に作用しています。リピート再生できる機器をお持ちであれば、ぜひ朝起きるまで音楽を流した状態でお休みください。

また、就寝時以外で聞いても効果があります。と言うと、聞いたらすぐに寝てしまうのではないかという不安があるかもしれませんが、その心配はありません。１番、２番、３番のチャクラの流れがよくなると、体がリフレッシュされて活動的にこそなりますが、その場で倒れ込むように寝てしまうことはまずあり得ません。お車の運転中など、周囲に注意力を発揮していなくてはならないシーンにはあまり向きませんが、掃除をしていたり洗い物をしていたりとか、そういった日常生活のなかのBGMとしても役立ててください。生活音のなかで聞き取れないような場合もあると思いますが、気にしなくて大丈夫です。**耳に聞こえていなくても体は聞いています**。

一度聞いただけでチャクラがすべてクリーニングされるわけではありません。毎日の習慣のように繰り返し聞いていただくと、より効果を実感していただけると思います。

第3章

「再生睡眠」のすすめ

深い睡眠のあいだ、魂は里帰りしている

さて、これまで「ノンレム睡眠」の深い眠りを「良質な睡眠」、と定義してお話ししてきましたが、実は私が提唱したいのはそれより一段上の「再生睡眠」です。

睡眠について、科学的な観点からの仕組みは最初にお伝えしましたが、スピリチュアルな観点から見ればまったく違う回答があります。

睡眠中、私たちの肉体はベッドの上で横たわっていますが、深い睡眠に入ると、意識（魂）は、生まれてくる前にいた魂の故郷のような場所に里帰りしています。そこで霊的なエネルギーのチャージをしたり、懐かしい人たちとやりとりをしたり、魂が成長する上で必要なメッセージを受け取ったりして、また自分の持ち場（自分の肉体）に戻ってくるのです。

肉体には意識が覚醒しているときと同じように生命エネルギーが循環しています。チャクラの滞りがない状態であれば、P21～でお伝えした通り、心身ともにメンテナンスが行われているのです。

つまり、**肉体、魂、両方をクリーニングできるのは、眠っているときだけ**、ということになります。だからこそ人間は眠るようにできていて、睡

眠が不足すると多岐にわたって不都合なことが生じるのだと思います。

私がそのことを実体験として気づいたのは、あることがきっかけでした。それは今から20年近く前、美容師として働きながら、「オマケ」としてお客様のスピリチュアルな相談を受けていたころのお話です。

当時は、幼いころから悩まされてきた霊能力がようやくコントロールできるようになり、リーディングの精度が上がったおかげで「オマケ」の依頼が増えていました。しかし、まだまだ未熟だった私は自分が被った悪いエネルギーを落としきれないときもあり、その影響で体調を崩すことも少なくありませんでした。なにかいい手立てはないかと本を読み漁っているうちに、以前から気になっていた空海にハマり、密教に興味を持つようになりました。

私が密教の本を見ながらマントラを唱え、手印《しゅいん》を組んでイメージすると、必ず「なにか」が起こりました。体温が急激に上昇したり、カセットテープが逆向きに動きだして意味不明の曲を奏でたり、電気系統の誤作動が次々に起こったり、少々、不気味ではありますが、その反応のよさに、どこかで慢心してしまったのかもしれません。

密教のパワーは強烈です。本来なら、山籠もりなどして、厳しい修行に耐えた肉体と精神でようやく対応できるもの。そうではない人間が興味本位に関わってはいけないものです。

そんなとき、驚くべきことが起こりました。ある朝、目を覚ました私は、自分が誰なのかさっぱりわからなくなっていたのです。目覚めた瞬間は、自分が肉体を持っている存在なのかすら、よくわからない状態でした。

ベッドのなかでバタバタと体を動かし、「あ、腕がある。肉体があるわ」と確認はできたものの、そこから先はわかりません。

男なの？　女なの？　名前は？　いつ生まれた？　どんな顔……？

パニック状態です。しばらくベッドの上で呆然としていましたが、突然フッと私の意識が入ってきて、いつもの状態に戻りました。

私はどこに行ってたの……？

さっきまで私は魂の故郷にいた、そこでなにかしらのアドバイスを受けていた……。そんな感覚がぼんやりと残っていました。

恐らく、密教で発動したパワーに対して肉体がついていかず、なにかの拍子に本来ならばかかっているタガが外れてしまったのでしょう。そのせいで、いつもより意識（魂）が遠く深く〝旅〟をしてしまい、戻るまで時差が生じてしまったのではないでしょうか。本当のことはわかりませんが、やっぱり寝ているあいだに魂は故郷に帰っているんだ、そんなことを実感として知った出来事でした。

この体験を通じて、今世の〝ワタシ〟の容れ物であるこの体を大切に、丁寧に使わせていただこうと決めました。あれ以来、目覚める度に「本日もどうぞよろしくね！」と語り掛けています。

今日を持ちこさない眠り

睡眠にターゲットを絞ったCDブックを制作すると決まったとき、私はこのことを思い出しました。

眠れなくなる根本的な原因は感情のしこりですが、もっと根源的なところに迫ると、自分の肉体は自分の持ち物だというエゴに行き着きます。誰もがいつかは命が尽きることを知っているはずなのに、時間は永遠であるかのように生きている。

だったら、一日一日「今日の私は今日で終わり」と、人生に幕を下ろす気持ちで時間を過ごしてみたらいいのではないでしょうか。**今日一日で終**

わってしまうなら、未来への不安や心配、ネガティブな感情も、明日に「持ちこさない」で済みます。

「持ちこす」ことがないように時間を過ごし、永眠するような気持ちで眠りにつく。そして目覚めたときは、新しく生まれ変わったような気持ちで、また「持ちこさない」ように一日を過ごす……。このような循環のなかで、毎日、心も体も再生できるような睡眠が取れたら、毎日がうまく回りはじめるでしょう。

単なるレム睡眠とノンレム睡眠の繰り返しではなく、**毎日生まれ変われる「再生睡眠」**こそが、私が導きたい睡眠だと思い至ったのです。

そんなわけで、今回の楽曲は、睡眠の妨げとなるネガティブな感情のしこりをクリーニングした上で、「再生睡眠」を促すという目的のもとに楽曲のハーモニーを構成して制作しています。

だから、お聞きいただくと、寝つきがよくなるだけでなく、自ら自然と「持ちこさない」ように動き出したくなるはずです。

この「持ちこさない」ことが、よりよい「再生睡眠」ができる鍵になります。

「持ちこす」ことがなくなると、同時に「取りこす」こともなくなります。取りこし苦労の「取りこす」ですが、失敗したくないからと考えすぎて一歩も踏み出せないでいると、そのせいで未来を取りこしてしまいます。

少々失敗してもいいから、とりあえずやってみる、踏み出してみる。そう思える強さが肉体にも精神にも宿ってくるはずです。そうやって踏み出した一歩が、明るく輝く未来を作るのです。

その一歩は、小さいことでいいのです。たとえば晩御飯を食べたあと、疲れたので食器を洗わないで放置したまま寝てしまう。これは、明日の自分にツケを回したということです。私たちは「時間がないから」、「余裕がないから」、「体がくたびれているから」と、ついついツケをため込みがちですが、このツケが「持ちこし」となり、明日の自分にカルマを背負わせることになってしまいます。

「持ちこす」ことなく眠りにつくと、チャクラはバランスよく整い、エネルギーの循環もよくなり、新陳代謝が活発になって細胞が生まれ変わるサイクルも活性化します。

細胞は1秒間に5000万個、1日5000億個が死を迎え、そしてそれと同じ数の細胞が新しく生まれ再生しています。ちなみに、皮膚は約1カ月周期で生まれ変わりますし、胃腸は5日周期で、心臓は22日周期で、筋肉や肝臓などは60日周期で、骨さえも90日周期で全体の3～5％の細胞が順番に新しく入れ替わっていくそうです。

翌朝目覚めたときは、初期化されてピカピカで元気いっぱいの新しい自分が生まれるはずです。

前作『聞くだけで心も体も痛みが消えるソルフェジオ周波数CDブック』を手に取ったという三重県在住の60代の女性からこんな感想をいただきました。

「眠れないので、ずっと精神安定剤や睡眠導入剤を飲んでいます。昨日、CDブックを買って聞きながら眠ったところ、今までに味わったことのない目覚めを体感しました。そのあと、ここ何十年していなかった朝の散歩に出かけたくなって、久々に歩き

「再生睡眠」で生き生きとした朝を迎えましょう。

ました。そんな変化が訪れたことに、自分でもびっくりしています」
散歩に出かけたくなったのは細胞が元気になった証拠です。体がチャージされたら動かざるを得ませんが、それは本来の正しい動きが戻ってきただけのことです。

みなさんにもこの女性のような、いやそれ以上の素晴らしい変化が訪れることでしょう。

〝子守唄〟ではない細胞の再生を促す音楽

今回はあくまで「再生睡眠」を目指すものですのであり、**眠りを誘うような従来型のヒーリングミュージックとはまったく違います**。そういう意味でも、昼間にお聞きいただいても眠くなることは少ないと思います。

付属CDの楽曲たちは、途中で一度、大きな作り直しをお願いしています。

今回も、前作『聞くだけで心も体も痛みが消えるソルフェジオ周波数CDブック』の楽曲を手掛けたチームにお願いして制作していただいたのですが、最初にできあがった楽曲は、従来型のヒーリングミュージックとしては、最高によくできた楽曲でした。ゆったり目のテンポで、使う音に高低差が少なく、具体的に口ずさめないようなメロディ……。これはヒーリングミュージックを作るときの三大基本だそうですが、そこに忠実に作っていただいたようです。

しかし、残念ながら私が推奨したい「再生睡眠」とは大きくかけ離れていました。

実際、チャクラにヒットするかチェックしてみても、1番、2番、3番のチャクラに対応した396Hz、417Hz、528Hzという三つの周波数を中心に、倍音たっぷりの音でハーモニーを構成して作っているはずなのに、ほとんどチャクラにヒットしませんでした。強いて言うなら、うっすら後頭部をナデナデされているような感覚のみ。ナデナデして「眠れ〜眠れ〜」と促す子守唄のような楽曲では、すでに眠れない状態になっている方を、眠らせる力はありません。

優しい子守唄になってしまったのは、ひとえに「再生睡眠」とはどういうものか、何が必要なのか、私の言葉が足りていなかったせいで、楽曲制作チームのみなさんには大変申し訳ないことをしました。

では、チャクラを活性化させて細胞の再生を促すような楽曲にするにはどうすればいいかと言うと、1番、2番、3番に深く響いて激しく揺らすような、打楽器の振動がポイントとなります。祭りの太鼓のような、太くて荒くて力強さを感じさせる部分が必要なのです。

再び細かいすり合わせを繰り返しながら、楽曲が完成しました。

試行錯誤の末に完成した楽曲は、複合的にチャクラにヒットして、日常生活のなかで澱のように溜まった疲れやネガティブな感情を排出し、エネルギーの循環を進めて細胞の生まれ変わりを促進する、まさに目的通りの「再生睡眠」ができる素晴らしい楽曲になったと思います。

ただし、さきほどお伝えしたように、従来型の「ヒーリングミュージック」をイメージしていると、まるで違う楽曲になっているので、面食らう方がいるかもしれません。しかし、目覚めたあとのすっきり感が〝子守唄〟とは、まるで違うと思います。

CD収録の3曲で再生が完成する

今回は、全部で3曲あり、合わせて約60分の楽曲になっています。1曲目は528Hz、2曲目は396Hz、3曲目は417Hzをメインの周波数として作られています。

- **1曲目　528Hz〜Time of the soul（魂の時間）**
- **2曲目　396Hz〜Time of the life（ココロの時間）**
- **3曲目　417Hz〜Time of the re-birth（カラダの時間）**

この曲順には意味があります。**1曲目で今日を精算し（クリーニング）、2曲目で体に再生の準備を行き渡らせて（休息）、3曲目で生まれ変わりを完成（再生）**、という3段階で構成しています。

なかでもメインと言えるのは3曲目、417Hzを中心にした曲です。今日を振り返って整理し、新たな気持ちで明日に臨む「生き直し」を導く楽曲となっています。

私は昔から、いい楽曲を聞くと映像がパッと浮かびあがって見えます（共感覚と呼ぶそうです）が、この3曲を通しで聞いた全体のイメージ、私が見たビジョンをお伝えしたいと思います。

これはあくまで私が見たビジョンで、私とはまったく違うビジョンを見る人もいらっしゃると思いますし、見えても見えなくてもCDの効果は変わるものではありませんので、付録のようなものだと思ってお楽しみください。

●1曲目（528Hz）～2曲目（396Hz）

まず、528Hzに3番のチャクラが共鳴し、下腹部の細胞が活発に動き出しました。楽曲の波動がやがて仙骨、尾骨に届くと、後頭部に光が差し込み始めます。すると、チャクラに溜まった汚れやつまりの元凶が剥離し、浮上し、一掃されていくのが見えます。

やがて音のエネルギーは螺旋を描き、4番目のチャクラに達しました。重ねられた写真がパラパラとめくられていくように、様々な出来事が走馬灯のように映し出されました。回想が始まると同時に、それに伴う感情の渦がメラメラと湧き上がってきます。そうして沸き上がった感情を、ひとつ、またひとつと、音の波動が吸着して処理してくれるのです。

●2曲目（396Hz）～3曲目（417Hz）

やがて肉体と精神に溜まっていた毒が抜け落ち、身も心も軽くなると、今度は荘厳な宇宙の景色が見えてきました。渦巻き状の宇宙空間に吸い込まれていくと、そこには私の魂の故郷があり、懐かしく愛おしい方々との再会を果たします。やがて、七色の美しい光が私を包み込み……。優しい温もりに抱かれ、私は私を想い出します。

曲が終わりに近づくと、真っ白くて大きな手が現れ、その手のひらの上には、無垢な姿にリセットされた赤子の私が乗せられています。やがて赤子の私は、今の私の体のなかに戻っていきました。

そして眩しい光に包まれて再びこの世に誕生するのです。

＊＊＊

私はこんなビジョンを見ながら聞きましたが、サンプル曲を試聴する際に立ち会ったスタッフは、聞き始めてすぐに体が熱くなってきて、しばらく汗が止まらなかったそうです。

聞き続けることで執着の芽を摘み、我欲の垢を落とし、必ずや、毎日生まれ変わるような「再生睡眠」を味わっていただけることでしょう。

かつて経験したことのない「起きるのが楽しくてしょうがない目覚め」を、ぜひ、みなさんに体験していただきたいと思います。

真印《まいん》

1959年、愛媛県松山市の霊能者一族に生まれる。先祖は、飛鳥時代の女帝である第37代斉明《さいめい》天皇（594～661年）に仕えた采女《うねめ》（女官）。行幸で道後に逗留した際に随行し、この地に屋敷を拝領したとされる。20代のころより美容師のかたわらに行っていたカウンセリングが「驚くほど当たる」と評判を呼び、『魂のヴィジョン』（光文社）、続いて『高次の存在と最短距離で繋がる法』（小社）を上梓。ソルフェジオ周波数を用いた前作『聞くだけで心も体も痛みが消えるソルフェジオ周波数CDブック』（小社）好評発売中。
http://www.silva-main.com

ソルフェジオ周波数企画【第1弾】

1番～7番のチャクラに対応するソルフェジオ周波数を織り交ぜ、心と体の痛みを楽にします。

『聞くだけで心も体も痛みが消えるソルフェジオ周波数CDブック』
東邦出版
本体1,300円＋税

聞くだけで 眠りが変わる ソルフェジオ周波数 睡眠ブック

2016年8月19日　初版第1刷発行

デザイン　今田賢志
イラスト　早川容子
構成　大道絵里子
編集　山本暁子
制作　シーロック出版社

ディレクション　藤野秀樹（Yellowjam）
マスタリング　森下 進（Kodama Studio）
作・編曲　藤木 哲（United Studio Inc）

著　真印
発行人　保川敏克
発行所　東邦出版株式会社
〒169-0051
東京都新宿区西早稲田3-30-16
http://www.toho-pub.com
印刷・製本　株式会社シナノパブリッシングプレス

（本文用紙・HS画王72.5T）